Volker Präkelt / Katalina Präkelt

Titus, die Toga rutscht!

Welchen Job ein Konsul hatte und warum man im alten Rom lieber nicht Gladiator werden sollte

Mit Illustrationen von Fréderic Bertrand

Porta Nigra in Trier, Deutschland

Aquädukt Pont du Gard, Frankreich

Kolosseum in Rom, Italien

Merida-Theater, Spanien

Hadrianswall, Großbritannien

Volker Präkelt hatte Latein in der Schule und ist trotzdem kein Römer geworden, sondern Fernseh-, Hörspiel- und Kinderbuchautor.

Katalina Präkelt ist seine Tochter. Sie studierte im italienischen Bologna, bereiste Italien und schreibt Reportagen für Zeitungen. Für BAFF! Wissen hat sie schon bei „Mensch, Mammut!" mitgemacht.

Fréderic Bertrand hätte im alten Rom sicher schöne Mosaikbilder entworfen. Für BAFF! Wissen hat er das Universum erforscht – und zeichnete die Mumien und Pyramiden für „Guck nicht so, Pharao!".

Juno ist eine römische Schnattergans, die sich auf ihr gutes Latein ganz schön was einbildet. Außerdem hat eine ihrer Gans-Tanten das Römische Reich vor Unheil bewahrt!

Quintus ist ein Mäuserich aus dem Keller des Kolosseums. Quintus heißt „der Fünfte" – seine Eltern nummerierten die Kinder einfach durch. Das war so üblich im alten Rom – bei den Menschen.

„Wir waren da!" Überall haben die Römer ihre Bauwerke hinterlassen.

Inhalt

- 4   Alle Wege führen nach Rom
- 6   Was die Römer uns erzählen
- 10   Vom König zum Konsul
- 14   In der Falle der Barbaren
- 18   Das Römische Reich wächst
- 22   Was macht ein Elefant im Gebirge?
- 26   Hannibals Plauderstunde
- 30   Das Mädchen und die Öllampe
- 34   Klo, Kloake, Katakomben
- 38   Kampf im Kolosseum
- 42   Wer kennt sich aus mit Gladiatoren?
- 45   Freizeitspaß im alten Rom
- 46   Zu Cäsars Füßen
- 50   Von Cäsar, Kaiser und Co
- 54   Post aus den Provinzen
- 58   Die Römer sind noch unter uns
- 61   Junos Museumstipps
- 62   Zeittafel

Alle Wege führen nach Rom

40 Grad! Und kein Schatten weit und breit. Schwitzende Menschen schießen Fotos und mein Eis schmilzt gnadenlos. Wie gerne wäre ich jetzt am Meer! Aber nein, meine Eltern wollten eine Städtereise machen. Papas Stimme habe ich noch im Ohr: „In der Hauptstadt Italiens gibt es so viel zu entdecken, auch für dich, Paul!"

„Hat jemand eine Frage?", möchte unsere Reiseleiterin wissen. Ich hebe meinen Arm. „Warum führen angeblich alle Wege nach Rom?" – „Das haben wir Kaiser Augustus zu verdanken!" Die Reiseleiterin zeigt auf einen steinernen Sockel. „Genau hier ließ er einen goldenen Meilenstein aufstellen, mit den Entfernungen zu den wichtigen Städten des Reiches. Natürlich von Rom aus – der Hauptstadt." Sie zwinkert mir zu. „Und nun geht's ins Kolosseum, wo früher die großen Jungs kämpften!" Wegweiser aus Gold und gefährliche Kämpfe in der Arena – ich bin gespannt, was noch alles kommt.

Paul

Im Sommer war ich mit meinen Eltern in Rom. Zuerst dachte ich, es würde total öde werden. Dann besichtigten wir die unterirdischen Katakomben. Totenschädel, Opferstätten und uralte Kanäle – Wahnsinn! Seitdem find ich die alten Römer echt cool!

Livia Paletti

Ich studiere Geschichte an der Universität La Sapienza in Rom. Sapientia ist Lateinisch und heißt „Weisheit". So weise wie mein Namensvetter Titus Livius bin ich noch nicht. Der schrieb die Geschichte Roms auf – eines meiner Lieblingsbücher! In den Ferien führe ich Touristen durch meine Heimatstadt.

Äh, wann wurde Rom noch mal gegründet?

7 – 5 – 3 – Rom schlüpft aus dem Ei. Weiß doch jeder!

Was die Römer uns erzählen

Um die Römer ranken sich wilde Geschichten – welche sind wahr, welche falsch?

verus = wahr
falsus = falsch

Eine Wölfin als Mutter?

Falsus. Der Sage nach zieht eine Wölfin die Zwillinge Romulus und Remus auf, nachdem sie von ihrem Onkel ausgesetzt wurden. Als junge Männer gründen die beiden eine Stadt – Rom. Im Streit erschlägt Romulus seinen Bruder und ernennt sich zum ersten Römerkönig. In Wirklichkeit entstand Rom im achten Jahrhundert vor Christus aus ein paar Bauerndörfern. Die Wolfsgeschichte sollte die Stadt wohl interessanter machen.

Die Jungs und ihre Wölfin als Bronzestatue

Hat Nero Rom abgefackelt?

Falsus. Im Jahre 64 nach Christus brannte Rom fast vollständig nieder. Kaiser Nero wurde verdächtigt, das Feuer selbst gelegt zu haben, um Platz für einen neuen Palast zu schaffen. Nero war aber gar nicht in der Stadt. Ein Brandstifter war er also nicht – dafür ein echtes Ekelpaket: Um die Gerüchte über seine Zündeleien verstummen zu lassen, ließ Nero andere Verdächtige abmurksen. Er gilt als grausamer Kaiser.

Ein Kaiserreich für ein Pferd

Verus. Unglaublich, aber wahr. Der römische Schriftsteller Tranquillus berichtet, Kaiser Caligula habe sein Lieblingspferd zum Konsul ernennen lassen – also zum höchsten Staatsbeamten. Und warum? Um die Politiker des Reiches zu beleidigen. Sein Ross mochte er lieber, er speiste mit ihm und ließ ihm einen Marmorstall bauen.
Caligula galt als unberechenbar. Einige Geschichtsschreiber bezeichnen ihn sogar als wahnsinnig. Oder war er nur *größen*wahnsinnig?

Ein göttliches Rätsel

Die Römer glaubten an viele Götter mit unterschiedlichen Aufgaben. Hilf Livia und Paul, die richtigen Gegenstände zuzuordnen.

Lösung auf Seite 62

Quintus quasselt

Die Römer haben viele Götter von den Griechen übernommen. Aus dem griechischen Götterboss Zeus machten sie den römischen Jupiter und aus dem Meeresgott Poseidon den römischen Neptun. In den Familien wurden auch Schutzgötter verehrt wie die Penaten, die Vorräte vor Mäusen und Ratten schützen sollten. Das hat noch nie geklappt!

Vom König zum Konsul
Paul befragt die Studentin Livia

Paul: Livia, warum studierst du Geschichte?

Livia: Weil das Wort „studieren" aus dem Lateinischen kommt. Quatsch – weil unsere Geschichte so spannend ist. Und weil wir längst nicht alles wissen, zum Beispiel über die Zeit der römischen Könige. Da gibt's noch viel zu erforschen. In den Anfangszeiten des Römischen Reiches hat noch keiner mitgeschrieben. Unser Wissen stammt aus Geschichten, die man immer weitererzählt hat. Vieles wurde später erst dazugedichtet.

Paul: Ich hab gehört, Rom hatte mal einen König? Wer war das denn?

Zuerst regierten römische Könige, dann folgten die Etruskerkönige ...

Livia: Einen? Auf den sieben Hügeln Roms sollen nacheinander sieben Könige regiert haben. Das behaupten die Historiker. So nennt man uns Geschichtswissenschaftler auch. Romulus war der erste römische König, nach ihm folgten weitere Römer auf dem Thron. Dann kamen die Könige der Etrusker, eines fremden Stammes. Sie sollen machtbesessen, rücksichtslos und unbarmherzig gewesen sein. Das hat den Römern nicht gefallen und sie haben sich gegen die Etrusker gewehrt.

Paul: Dann haben die einen Aufstand gemacht.

Livia: So kann man's nennen. Das Volk hatte die fremden Könige satt. Sie vertrieben den letzten, einen Tyrannen mit dem Namen *Lucius Tarquinius Superbus*. Ein Angeber soll der gewesen sein, außerdem grausam und ungerecht. Seinen Thron gab Superbus natürlich nicht kampflos auf. Um Rom entbrannte eine Schlacht. Am Ende siegten – wie könnte es anders sein – die mutigen Bürger.

superbus = hochmütig

... schließlich kam die Republik: Senatoren lenkten die Geschicke Roms und Konsuln befehligten die Armee.

Paul: Hammer! Und dann war es aus mit den Königen?

Livia: Jetzt wurde alles ganz anders. Statt einem König regierten von nun an zwei Konsuln, die immer wieder neu gewählt wurden.

Paul: Das sind die höchsten Staatsbeamten, hab ich gelernt.

Livia: Gut aufgepasst! So erfanden die alten Römer eine Staatsform, die es in den meisten Ländern heute noch gibt: die Republik.

Paul: Äh … Republik, schon mal gehört. Genau – Bundesrepublik!

Livia: Oder die italienische Republik. Bei dieser Staatsform hat nicht der König das Sagen, sondern das Volk. Die Bürger wählen Vertreter, die über alle wichtigen politischen und wirtschaftlichen Fragen abstimmen. In Rom waren das die Senatoren. Sie machten die Gesetze.

Paul: Senator, das klingt gut. Wäre ich auch gern gewesen. Ich wette, die haben irre viel Geld verdient.

Quintus quasselt

Im sechsten Jahrhundert vor Christus lebten schon 35.000 Menschen in Rom. Man unterschied zwischen „Bürgern" und „Nichtbürgern". Bürger mussten in Rom geboren sein und wurden in „Patrizier" und „Plebejer" eingeteilt. Patrizier galten als Oberschicht und saßen in allen wichtigen Ämtern. Plebejer nannte man das einfache Volk. Außerdem gab es noch die Sklaven. Die hatten gar keine Rechte. Ungerecht!

Livia: Von wegen. Keinen Cent haben die bekommen. Aber reich waren sie doch, denn sie stammten aus wohlhabenden Familien. Es wurde sogar erwartet, dass sie öffentliche Gebäude bezahlten oder Volksfeste spendierten.

Paul: Party ist immer gut!

In der Falle der Barbaren

barbari = die Barbaren, feindliche Ausländer

Regen! Ich marschiere mit meiner Truppe durch die Nacht. Es ist bitterkalt und mein Gewand klebt unter der Rüstung. Von meinen Sandalen ist nicht mehr viel übrig und meine Schultern schmerzen vom Gepäck. Warum nur diese Qual? Ich will Politiker werden – wie mein Vater, der Senator. Doch vorher muss ich der Armee dienen und zehn Jahre lang gegen Roms Feinde kämpfen. Zum Beispiel gegen die Insubrer, einen keltischen Stamm, der unser Reich schon oft angegriffen hat.

Vermutlich verstecken sie sich im Wald nördlich von Rom. Ich zittere ein bisschen – vor Kälte, aber auch vor Angst. Wie gerne würde ich jetzt knifflige Rechenaufgaben lösen oder ein Gedicht auswendig lernen. Doch ich soll gegen die Barbaren kämpfen. An Flucht ist nicht zu denken. Mein Vater würde mir das nie verzeihen.

Nebel! Man sieht kaum die Hand vor Augen. Wo ist eigentlich mein Freund Julius? Der marschierte doch gerade noch vor mir. Und wo steckt der Rest der Truppe? Beim Kriegsgott Mars – habe ich mich zu allem Unglück auch noch verlaufen?
Von unseren Feinden erzählt man sich schaurige Geschichten. Lang wie Baumstämme sollen sie sein, grob und laut, mit zotteligem Haar. Ob ihre Priester den Göttern wirklich Menschenopfer darbringen? Wenn man in ihre stechenden Augen blickt, sei man verloren, heißt es.

Feuer! Vor mir lodernde Flammen und lautes Gelächter. Das muss meine Truppe sein! Bestimmt braten sie schon ein Spanferkel und trinken Wein. Nur noch ein paar Schritte – da tut sich der Boden vor meinen Füßen auf. Ich verfange mich im dornigen Gestrüpp und stolpere. Plötzlich ein Ruck. Schon hänge ich in der Luft, unter mir vier Reihen aus spitzen Holzpflöcken. Mein Gepäck hat sich in einem Ast verfangen und mir das Leben gerettet.

Hilf…! Der Schrei erstickt in meinem Mund. Dort am Lagerfeuer johlen die Barbaren, die Kleider starr vor Schmutz. Einer zeigt in meine Richtung. Ich muss hier weg! Doch allein kann ich mich nicht befreien. Da raschelt es plötzlich hinter mir. Ist das mein Ende? „Na Titus, willst du die Kelten ganz allein besiegen?", raunt eine Stimme. Julius! Er hat mein Verschwinden bemerkt und zieht mich auf festen Boden. Jetzt aber nichts wie weg!

Attacke! Rettet das Kapitol!

Das haben doch schon deine Großtanten erledigt!

Wachhunde? Nein, Wachgänse! Ein römisches Relief.

Quintus quasselt

Immer wieder drangen die Stämme der Kelten auf römisches Gebiet vor und verwüsteten im vierten Jahrhundert vor Christus sogar Rom! Fast hätten sie sich nachts in die große Tempelanlage, das Kapitol, geschlichen. Doch die heiligen Gänse der Göttin Juno weckten die Römer mit lautem Schnattern. So wurde der Angriff abgewehrt.

Das Römische Reich wächst
Paul befragt die Studentin Livia

Paul: Schau mal, da hängt eine Karte vom Römischen Reich. Das wurde immer größer. Wahnsinn – die Römer waren ja kaum zu stoppen!

Livia: Stimmt! Die hatten ein großes Heer. Die Kampfeinheiten nannte man Legionen. Die bestanden aus bis zu 6.000 gut ausgerüsteten Soldaten. Viele wollten Soldat werden, denn auf erfolgreiche Kämpfer wartete reiche Beute. Außer Frauen und Kindern konnten fast alle Waffendienst leisten. Man durfte allerdings nicht verheiratet sein und musste mindestens 1,63 Meter groß sein.

Paul: Oh – ich bin 1,48! Das reicht für die Achterbahn, aber nicht für die römische Armee. Na ja, ist ja vielleicht auch nicht so gesund, wenn man vom Gegner eins auf die Rübe kriegt.

Livia: Da hast du recht. Du wärst auch noch zu jung für die Armee. Die meisten Männer traten mit 17 oder 18 Jahren in die Armee ein. Außerdem hättest du die schwere Ausrüstung kaum tragen können.

Paul: Ich hab schon mal einen riesigen Rucksack geschleppt!

Livia: Kompliment! Aber das Gepäck eines Legionärs war schwerer als du. Die Soldaten waren fast immer unterwegs, da brauchten sie eine Menge Sachen: Waffen, Werkzeuge, eine Decke, Pfanne und Schüssel. Ein Marschgepäck konnte bis zu 40 Kilogramm wiegen.

Römer von heute vor dem Kolosseum in Rom

Paul: Puh! Dann waren die Soldaten sicher topfit, oder?

Livia: Stimmt. In Friedenszeiten trainierten sie hart. Wenn sie nicht gerade mit dem Bau einer neuen Straße beschäftigt waren, mussten sie kilometerlange Märsche auf sich nehmen und sich in Kämpfen gegeneinander beweisen. Für ihre Arbeit bekamen die Soldaten einen guten Lohn – und verdienten sich Ruhm und Ehre. Das bedeutete den Römern viel. Niemals hätten sie sich kampflos ergeben.

Paul: Eine Legion war also der Teil eines Heeres. Wie viele Legionen gab es denn? Bei diesem großen Reich müssen es ja unheimlich viele gewesen sein.

Livia: Gar nicht mal. Als Julius Cäsar, einer der berühmtesten Feldherren, Gallien eroberte …

Paul: Der aus Asterix?

Livia: Du liest wohl gerne Comics, Paul! Also, zu Cäsars Zeit hatte Rom nur acht Legionen aufgestellt, jede mit vielen Tausend Soldaten. Der Chef einer Legion hieß „Legat". Seine Offiziere unterstützten ihn und sorgten für Ordnung. Die Legionen waren streng gegliedert: 80 bis 100 Soldaten bildeten eine Zenturie. Sechs Zenturien waren eine Kohorte. Und zehn Kohorten bildeten eine Legion. Kommst du noch mit?

Paul: Äh, Moment. 80 • 6 • 10 sind … 4.800!

Livia: Und jeder kannte seine Position! Die Legionen konnten aber auch größer sein. Dazu kamen dann noch die Hilfstruppen und die Kavallerie. Kommt vom lateinischen Wort *caballus*, und das bedeutet …

Paul: Ich ahne es – Gaul! Dann waren das die Reiter!

Livia: Sie wurden besser bezahlt als die Fußsoldaten. Meist waren es die Söhne reicher Eltern. Man musste sich den Gaul ja erst mal leisten können. Um die Kavallerie zu verstärken, warben die Römer Reiter aus anderen Ländern an, zum Beispiel aus Gallien, dem heutigen Frankreich.

Paul: Ich dachte, die Gallier kämpften gegen die Römer.

Livia: Nur im Comic.

Eine Schildkröte aus Schilden!

Quintus quasselt

Die römischen Heere hatten ihren Feinden eines voraus – ihre Schlachtordnung. Oft rückten sie in festen Formationen vor. Bei einer bildete eine Gruppe mit ihren Schilden einen Abwehrpanzer wie den einer Schildkröte. Genauso hieß auch die Technik.

Was macht ein Elefant im Gebirge?

In Nordafrika leben die Punier. Einer von ihnen ist der Feldherr Hannibal. Er will seinen Gegner Rom angreifen. Aber auf welchem Weg? Ein Spion versucht, es herauszubekommen.

Ein Spion im Dienste der Römer

Mein Name ist Tarban. Ich stamme aus dem spanischen Saguntum, der einst so schönen und stolzen Stadt am Mittelmeer. Jetzt liegt sie in Trümmern. Schuld ist allein Hannibal, ein Feldherr aus dem afrikanischen Karthago. Es hat diesem Punier nicht gefallen, dass unsere Stadt mit den Römern verbündet ist. Denn die Römer sind Erzfeinde der Punier! Nach acht Monaten Belagerung haben seine Truppen unsere Stadt dem Erdboden gleichgemacht. Viele meiner Landsleute haben sich Hannibal inzwischen angeschlossen. Ich auch. Aber ich will ihn ausspionieren – im Dienste der Römer.

Der Plan des Hannibal

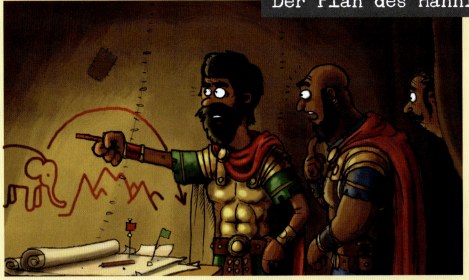

Hannibal hat ein gewaltiges Heer zusammengezogen: 90.000 Fußsoldaten und 12.000 Reiter. Darunter sind Kelten mit Bronzehemden, Berber mit schweren Rüstungen und Numiden auf wendigen Pferden. Aus Afrika hat er riesige Tiere mit Rüssel und Stoßzähnen mitgebracht: Kriegselefanten. Will er die Römer damit bezwingen? In der Nacht bekomme ich mit, wie Hannibal seinen Weg auf die Plane malt. Ich schaudere: Er will nach Rom – geradewegs über die Alpen. Mit 37 Elefanten! In zwei Tagen soll es losgehen. Hoffentlich erreicht meine Nachricht die Römer rechtzeitig. Sonst werden sie vor Hannibals grauen Ungetümen ziemlich erschrecken!

Quintus quasselt

Karthago lag in Nordafrika. Seine Bewohner wurden von den Römern „Punier" genannt. Sie waren sehr mächtig. Das war den Römern gar nicht recht. Dreimal führten Römer und Punier einen „Punischen Krieg" gegeneinander. Am Ende verloren die Afrikaner. Karthago wurde zerstört.

Alpenmarsch mit Elefanten

So etwas habe ich noch nie gesehen. Als hätten die Götter ihren Zorn an der Natur ausgelassen! Die Pfade sind tückisch, die Gipfel schroff, der glitzernde Schnee verdeckt gefährlich glatte Flächen. In tiefen Schluchten finden viele ihr Ende. Nebelwände rauben uns die Sicht. Hannibals Armee wird immer kleiner, aber sein Wille ist ungebrochen. Und er hat seine Männer nicht völlig unvorbereitet in die Berge geschickt. Von den Kelten, die Schnee und Eis gewohnt sind, hat Hannibal Felle und feste Schuhe erworben. Römer, ihr müsst sehr tapfer sein! Bald könnte es heißen: *Hannibal ante portas!*

ante = vor

portas = Tore

Hannibal ante portas = Hannibal vor den Toren! Hilfe!

Der Spion ist schneller

Das Unfassbare ist geschehen. Ihre ersten Schlachten haben die Römer gegen Hannibal verloren. Und das, obwohl es nur ein Teil seiner Truppen lebend über die Alpen geschafft hat. Wenigstens ist es mir gelungen, mich von Hannibals Heer zu entfernen. Nun bin ich in Rom und erstatte Bericht, erzähle von den grauenhaften Elefanten und Hannibals eisernem Willen. Er ist ein Feldherr, wie ihn die Welt noch nicht gesehen hat. Senatoren und Generäle sind beeindruckt. Aber sie bleiben gelassen. Einer streckt mir seine Hand entgegen: Wetten, dass Hannibal Rom nie erreichen wird?

Und? Hat er Rom erreicht?

Das fragen wir ihn am besten selbst.

Hannibals Plauderstunde

Die Gans kann's: einfach durch die Zeit reisen und Passagiere mitnehmen. Zum Beispiel Quintus und Paul ins Jahr 216 vor Christus.

Paul: Hallo Herr Hannibal! Schönes Zelt. Ähm, also, die Frage, die uns alle am meisten interessiert: Wie sind Sie bloß auf die Idee gekommen, mit Elefanten und so vielen Soldaten über die Alpen zu steigen?

Hannibal: Ach, die schrecklichen Römer wollten uns Karthager einfach nicht in Frieden lassen. Sie begannen schon wieder einen Krieg ...

Quintus: ... den Zweiten Punischen Krieg ...

Hannibal: Nennt man das heute so? Nun, sie wollten mich in Hispania angreifen ...

Im Marmor gemeißelt: Man glaubt, das ist Hannibal.

Paul: ... dem heutigen Spanien.
Schon klar: Die Römer hatten gut ausgebildete Truppen. Die hätten Sie, Herr Hanibal, bestimmt geschlagen. Da mussten Sie sich wohl was einfallen lassen.

Quintus: Und den Römern entgegenkommen!

Hannibal: Nicht nur *entgegen*kommen. Ich wollte ihnen zuvorkommen. Sie auf ihrem eigenen Land in einen Krieg verwickeln, damit sie ihre Truppen nicht nach Spanien schicken konnten – und schon gar nicht in meine schöne Heimat Karthago.

Paul: Und warum ausgerechnet über die Alpen? Die Punier sind doch ein Volk von Seefahrern. Da schwammen doch bestimmt ein paar Schiffe rum!

Hannibal: Na klar. Aber im Mittelmeer lauerte schon die römische Flotte. Sie hätte uns leicht vernichten können. Sie haben schließlich von den Besten gelernt – von uns.

Paul: Die Überraschung ist auf jeden Fall gelungen. Es folgte die Schlacht von Cannae. Sie gewannen – eine Riesenpleite für die Römer! Wie ging es dann weiter, Herr Hannibal?

Hannibal: Zunächst einmal sammelten beide Seiten ihre Verwundeten und Gefallenen ein. Dann wartete ich auf eine Gesandtschaft der Römer. Die hatten schließlich verloren. Also hätten sie mit mir über den Frieden verhandeln müssen. So waren die Regeln.

Paul: Aber nix da! Die Römer wollten nicht verhandeln, oder?

Hannibal: Ich wartete und wartete. Und vergaß, dass die Römer keine gewöhnliche Streitmacht waren. Aufgeben war nicht ihre Sache.

Paul: Aber warum haben Sie nicht versucht, Rom einzunehmen? Sie waren doch so kurz davor!

Quintus quasselt

Die Schlacht von Cannae war die letzte große Schlacht, die Hannibal gewann. Dann kam der Römer Scipio ins Spiel, ein beinharter Gegner. Er besiegte andere punische Heere, während Hannibal in Italien festsaß. In einer großen Schlacht in Nordafrika beendete Scipio den Zweiten Punischen Krieg — mit einer Niederlage für Hannibal.

Hannibal: Na ja. Wir waren immerhin noch 400 Kilometer von Rom entfernt, selbst ein ausgeruhter Reiter hätte eine knappe Woche für die Strecke gebraucht. Meine Männer waren geschwächt. Wir hätten noch viele Tage marschieren müssen – und wer weiß, was uns in Rom erwartet hätte. Hätte ich Rom gleich angegriffen, wäre ich vielleicht erfolgreich gewesen. Aber so ...

Paul: Hätte, hätte, Fahrradkette. Ging's dann wieder zurück über die Alpen?

Hannibal: Nein, diesmal in den Süden – und die Römer blieben mir leider dicht auf den Fersen. Auf einmal war ich der Gejagte. Schrecklich! Wenn ich nur damals ...

Quintus: Wollen Sie ein Taschentuch, Herr Hannibal?

Hannibal: Nicht von einem römischen Mäuserich.
Sei's drum, die Vergangenheit kann man nicht ändern –
und man sollte auch nicht allzu lange in ihr verweilen.

Paul: Was immer das bedeutet, Herr Hannibal,
es stimmt – und deshalb muss ich auch
wieder zurück in meine Zeit.
Danke für die
ehrlichen Worte!

Das Mädchen und die Öllampe

Langsam öffnet sich das Tor der prächtigen Villa. Ein Sklave führt uns in die Eingangshalle, das Atrium. Marmorsäulen ragen in die Höhe, der Fußboden ist mit bunten Mosaikbildern verziert. Ich staune über die vielen Tausend kunstvoll zusammengesetzten Steinchen.
In einer Ecke spielt ein rothaariges Mädchen. Bestimmt hat es viele schöne Sachen. Alles hier sieht teuer aus. Auch die Wasserfontäne, die vor sich hin plätschert. „Ohne Wasser kein Leben", sagt mein Vater. Als Ingenieur hat er schon viele Wasserleitungen gebaut. „Nur wenn es gelingt, Rom mit ausreichend Trinkwasser zu versorgen, kann die Stadt wachsen", sagt er. Genau! Deshalb möchte auch ich Ingenieur werden. Eine kleine Öllampe erregt meine Aufmerksamkeit. Ich will sie in die Hand nehmen, als mich eine tiefe Stimme unterbricht.

Cave canem – hüte dich vor dem Hunde! Ein Mosaik aus Pompeji

salve = hallo, sei gegrüßt

„*Salve*, Tiberius." Konsul Agrippa ist ein einflussreicher Mann. „Baumeister, ich habe einen Auftrag", sagt er, „Rom braucht eine Wasserleitung, ein Aquädukt." Aber die Sache hat einen Haken. „Ein Teil der Leitung muss unterirdisch verlaufen", sagt der Konsul. „Morgen erwarte ich deine Antwort."

Draußen lehnt sich mein Vater an eine Wand. „Ein Aquädukt! Welche Ehre!" Vom Geld ganz zu schweigen, denke ich. Vielleicht ziehen wir endlich aus dem stickigen Mietshaus aus.

Auch am nächsten Tag bittet uns der Sklave herein. Doch irgendetwas stimmt nicht. Wie ein Kugelblitz schießt der Konsul auf uns zu und poltert los. „Ich lade euch in mein Haus – und ihr bestehlt mich?" Er deutet auf mich. „Meine kostbare Öllampe ist verschwunden und der Sklave hat beobachtet, wie dein Junge sie begierig anstarrte." Entsetzt blicke ich zum Brunnen. Das Öllämpchen ist weg. „Den Aquädukt wird ein anderer bauen!", knurrt der Konsul und wirft uns hinaus.

Vater packt mich am Arm. „Was ist los mit dir? Bist du vom Reichtum so geblendet, dass du zum Dieb wirst?" – „Aber ich habe nichts gestohlen! Ich schwöre es!" Mein Gesicht brennt vor Scham. Da höre ich Schritte – das rothaarige Mädchen. „Ich bin Lucia, Agrippas Tochter", sagt sie leise. „Ich muss dir etwas gestehen. Ich habe gestern mit der Öllampe gespielt." Ihre Augen füllen sich mit Tränen. „Sie ist mir aus der Hand gerutscht. Ich hatte solche Angst, dass ich die Scherben schnell weggeräumt und niemandem etwas gesagt habe."

Mein Vater schaut auf den Boden. Er schämt sich, weil er mir nicht geglaubt hat. „Ich danke dir für deine Ehrlichkeit", sagt er. „Die Unschuld meines Sohnes ist mir wichtiger als der Bau eines Aquädukts." – „So schnell solltest du unser Bauvorhaben nicht vergessen, Tiberius." Der Konsul! Er legt seine Arme um unsere Schultern. „Ich habe Lucias Worte gehört. Ich muss mich bei euch entschuldigen. Wann könnt ihr mit der Arbeit anfangen?" Er hat „ihr" gesagt! Ich darf meinem Vater helfen und bin unendlich stolz.

Aquädukte haben die Römer nicht nur in Italien gebaut. Dies ist der Pont du Gard in Frankreich. Die Meisterleistung bestand darin, dass man das Wasser abwärts fließen lassen musste. Um das Wasser über ein Tal laufen zu lassen, bauten die Römer hohe Brücken.

Klo, Kloake, Katakomben

Paul: Ganz schön dunkel in den Katakomben. Hier sollte man sich besser nicht verlaufen. Tief einatmen auch nicht!

Livia: Das ist der Mief von fast drei Jahrtausenden! So alt ist die römische Unterwelt. Wir stehen nämlich mitten in der *cloaca maxima*.

Paul: *Cloaca* mieft *prima?* Wann wurde hier das letzte Mal gelüftet?

Livia: Im sechsten Jahrhundert vor Christus legten die Römer den riesigen Sumpf trocken, auf dem sie ihre Stadt gebaut hatten. Um das Sumpfwasser abzuleiten, bauten sie die *cloaca*, einen unterirdischen Kanal, der in den Fluss Tiber führte. Wir stehen mittendrin. Gleichzeitig diente er als Kloake, in der Dreckwasser und Müll landeten.

latrina = Klo
cloaca = Abwasserkanal, Kloake
maxima = die größte

Endlich in die Katakomben! Paul und Livia machen eine Tour durch das unterirdische Rom.

Quintus quasselt

Gut, dass ich keine Kanalratte bin! Immerhin haben meine entfernten Verwandten dort viel Platz, denn die unterirdischen Kanäle sind über 4.000 Kilometer lang. Da unten war einiges los: Reiche Familien ließen sich in prunkvollen Mausoleen bestatten, religiöse Römer brachten ihren Göttern reiche Opfer dar und unterhalb des Kolosseums wurden wilde Tiere gehalten. Und dabei ist noch längst nicht alles erforscht!

Ein unterirdischer Friedhof – Wandgräber in den Katakomben

Paul: Zicke, zacke, Kloakenkacke!

Livia: Die Kloake funktioniert auch heute noch. Weil ihnen die Wasserversorgung – und Entsorgung – so wichtig war, beteten die Römer sogar die Venus *Cloacina* an, die Schutzheilige der Kloake.

Paul: Die Göttin der Pinkelrinne? Hoffentlich benutzte die ein starkes Parfüm!

Livia: Interessante Idee. Damit die Römer nicht nach du-weißt-schon-was rochen, benutzten sie im Alltag natürlich sauberes Wasser. Dazu beförderten sie Quellwasser aus den umliegenden Bergen nach Rom. Es war so sauber, dass die Römer nicht nur darin badeten. Sie tranken es und verwendeten es zum Kochen.

Paul: Ah, ich verstehe. Und das floss über die Aquädukte in die Stadt.

Livia: Genau. Der Bau der Leitungen dauerte mehrere Jahre. Immerhin mussten lange Strecken zurückgelegt werden! Bleirohre verteilten das Wasser dann in der Stadt, bis in die Privathäuser hinein.

Paul: Wasser marsch – ganz schön fortschrittlich!

Livia: Als die Römer schon Wasserleitungen hatten, saßen wir noch auf den Bäumen. Von wegen. Aber die Wasserversorgung im Römischen Reich war besser als die vieler Städte im 19. Jahrhundert. In Brunnen, Bädern und Privathäusern – überall sprudelte es. Wasser war für alle da. Aus den öffentlichen Brunnen durften die Bewohner Wasser schöpfen, so viel sie wollten. Für einige Badehäuser und Thermen mussten sie Eintritt zahlen – für die öffentlichen Latrinen wiederum nicht.

Paul: Öffentliche Latrinen – du meinst doch nicht etwa Klos?

Livia: Das kann man sich zwar heute nicht mehr vorstellen, aber ja: Latrinen waren Klos auf offener Straße. Die Herren setzten sich einfach nebeneinander – direkt über uns und ...

Paul: Und wir stehen mitten in ...? Igitt! Wann geht's wieder nach oben?

CACATOR CAVE MALUM! AUT SI CONTEMPSERIS, HABEAS JOVEM IRATUM!

Frei übersetzt: „Hüte dich, auf die Straße zu kacken! Sonst wird dich Jupiters Zorn treffen!"

144 öffentliche Latrinen und 116 „Pissstände" gab es in Rom. Wild pinkeln war strengstens verboten!

Kampf im Kolosseum

Quintus quasselt

Panem et circenses – „Brot und Spiele" lautete das Motto der grausamen Kämpfe. So stellten die Herrscher das einfache Volk zufrieden und ließen sich bejubeln. Gladiatoren waren Sklaven, die Trainer zu Berufskämpfern ausbildeten. Wenige erhielten nach ihrem Sieg die ersehnte Freiheit. Im ganzen Reich gab es rund 200 Amphitheater für die tödlichen Kampfspiele. Das in Rom heißt Kolosseum.

Wer kennt sich aus mit Gladiatoren?

Ein Quiz für alle

Statt Zahlen benutzten die Römer Ziffern. Zum Beispiel I für 1, V für 5, X für 10, L für 50, C für 100 und M für 1.000.

Livia hat für ihre Reisegruppe ein altes römisches Spiel vorbereitet. Es heißt: Was tust du, wenn …

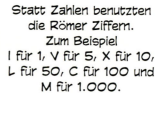

Reif fürs Mosaikbild – zwei Gladiatoren!

… ein Mann mit Netz und Dreizack auf dich zukommt?

☐ Der will sicher angeln gehen! Du wünschst ihm viel Spaß. Ⓧ
☐ Das ist der *Retiarius,* ein Gladiator! Weg hier! Ⓘⓘ
☐ Coole Verkleidung! Ist schon wieder Karneval? Ⓥ

… du am Boden liegst und der Kaiser dir „Daumen hoch" gibt!

☐ Du springst auf und schüttelst ihm die Hand. Ⓥ
☐ So toll war's nun auch nicht. Du zeigst ihm einen Vogel. Ⓧ
☐ Schnell umziehen. Der Kaiser lässt dich leben! Ⓘⓘ

... dir in der Arena eine Frau entgegenkommt?

☐ Nix wie weg! Das ist Amazona, eine gefürchtete Gladiatorin! Ⓘ

☐ Du freust dich. Sie bringt bestimmt Wasser und Energieriegel. Ⓧ

☐ Du denkst, du träumst. Kämpfen ist doch Männersache! Ⓥ

Gewonnen! Ein glücklicher Gladiator bei den Römertagen im Limesmuseum Aalen.

... wenn dir der Kaiser ein hölzernes Schwert übergibt?

☐ Du ärgerst dich. Wie soll man denn damit kämpfen? Ⓥ

☐ Spitzenmäßig – das Geschenk ist dein Weg in die Freiheit! Ⓘ

☐ Der Kaiser will Zoff? Kann er haben! Ⓧ

... du als Spielemacher den Auftrag bekommst, eine Seeschlacht zu inszenieren?

☐ Unmöglich. Wo soll das ganze Wasser herkommen? Ⓧ

☐ Erst sollen die Gladiatoren mal schwimmen lernen. Ⓥ

☐ Wo kriegt man Krokodile her? Wennschon, dennschon. Ⓘ Ⓘ

Quintus quasselt

> Kaiser Titus Flavius Vespasianus soll im Kolosseum eine Seeschlacht mit mehreren Schiffen veranstaltet haben. Dafür wurde der Boden versiegelt, ein Aquädukt umgeleitet und die Arena mit mehreren Millionen Liter Wasser geflutet. Dann spielten Gladiatoren einen Kampf auf dem Wasser nach.

Auswertung auf Seite 62.

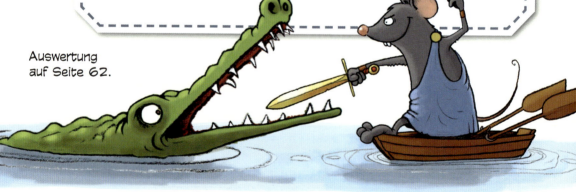

... wenn du als Spielemacher beauftragt wirst, eine Quadriga zu besorgen?

☐ Lecker! Ist das nicht diese Pizza „Vier Jahreszeiten"? Ⓧ

☐ Du kannst nicht bis vier zählen und winkst ab. Ⓥ

☐ Hü! Du besorgst vier schnelle Pferde und einen Wagen. Ⓘ Ⓘ

Freizeitspaß im alten Rom

Wagenrennen der Extraklasse

Bei diesem atemberaubenden Spektakel wird anders gezählt!
Nicht I, nicht II, nicht III, nicht IV, nicht V –
bis zu X Pferdestärken pro Gespann!

Vorverkauf bei Ben Hur, Am Circus Maximus VII

Gelächter statt Gemetzel – geh mal wieder ins Theater!

Keine Lust auf Wagenrennen?
Kolosseum kolossal grausam?

Kommen Sie zu uns!

Blitz und Donner auf der Bühne! Kunstvolle Masken! Große Geschichten! Lachen über Gottvater Jupiter, der sich in Stier und Schwan verwandelt, um schöne Frauen zu verführen!

Sport und Wellness in den Thermen

Eine Bahn schwimmen,
dann ein Schwätzchen im Schwitzbad –
ein Spaß für die ganze Familie.
Zwischendurch Action auf dem Sportplatz.
Ob beim Trigon, beim Ringkampf
oder auf dem Schachbrett –
der Zerstreuung sind
keine Grenzen gesetzt.

Zu Cäsars Füßen

Rechts, links, geradeaus – für mich sind alle Gassen gleich. Wieder habe ich mich verlaufen. Meine Eltern und ich sind erst vor Kurzem nach Rom gezogen. Denn mein Vater wurde zum Senator ernannt. Jetzt diskutiert er jeden Tag mit anderen Herren darüber, was in Rom vor sich geht: Das ist Politik.

Endlich. Diesen Tempel kenne ich, hier versammeln sich manchmal die Senatoren. Die Tür steht einen Spalt offen. Ich spähe hinein. Niemand da. Vielleicht kann ich mich kurz umsehen? Ich betrete eine große Halle. Dunkle Stühle sind in Halbkreisen angeordnet. In der Mitte funkelt ein goldener Sessel zwischen zwei gigantischen Statuen. Die muss ich mir anschauen! Auf einmal höre ich Stimmen. Sie klingen nicht sehr freundlich. Ich sollte mich besser verstecken. Aber wo? Hinter der Statue dort hinten!

Fünf Männer betreten den Raum. Auf ihren weißen Togen prangt der gleiche purpurne Streifen wie bei meinem Vater – das müssen Senatoren sein. Ein Weißhaariger verbirgt etwas in seinem Umhang. „Heute soll es geschehen!", zischt er. Ein anderer nickt verstohlen. Was haben die vor?

Die Toga war kompliziert zu wickeln. Mancher hielt sich zum Anziehen einen Sklaven.

Immer mehr Senatoren füllen die Reihen. Da ist auch mein Vater! Dann betritt ein großer, schlanker Mann die Halle. Sofort verstummen alle Gespräche. Auf dem goldenen Sessel nimmt er Platz. Das muss Gajus Julius Cäsar sein – der mächtigste Mann in ganz Rom. Mein Vater hat mir erzählt, dass Cäsar die Senatoren nicht ausstehen kann und am liebsten ohne sie entscheidet. Daher würden ihn viele hassen.

Cäsars Stimme dröhnt durch den Raum. Einige Senatoren erheben die Fäuste. Der Weißhaarige ist auf seinen Stuhl gestiegen, brüllt und zeigt auf Cäsar, der ebenfalls aufgesprungen ist. In der Hand eines anderen sehe ich ein Messer aufblitzen. Mir entfährt ein Schrei. Dann verliere ich den Halt – und falle Cäsar direkt vor die Füße. Der mächtige Mann zuckt zurück. Alle schauen auf mich. Jetzt nicht weinen! Da höre ich eine vertraute Stimme. „Aja!" Mein Vater hilft mir auf. „Verzeiht meiner Tochter, sie wollte Euch nichts Böses tun", sagt er zu Cäsar. Der starrt nur auf die Stelle, an der eben noch der Mann mit dem Messer stand. Er ist verschwunden.

„Ich glaube", sagt mein Vater, als wir draußen sind, „du hast ein großes Unglück verhindert." Das glaube ich auch.

Das war Cäsar!

Große Nase, strenger Blick: Gajus Julius Cäsar auf einer römischen Münze.

Gajus Julius Cäsar ist der bekannteste Römer.

Der Politiker
Gajus Julius Cäsar liebt das Spiel mit der Macht und weiß früh, wie man andere ausnutzen kann. Der Senat ist misstrauisch. Trotzdem wird Cäsar Konsul. Doch das ist ihm nicht genug.

Der Feldherr
Das Volk liebt Kriegshelden. Also zieht Cäsar in den Norden. Dort kämpft er jahrelang gegen Gallier und Briten, um das Römische Reich und seinen Einfluss auf Rom zu vergrößern.

Der Alleinherrscher
Die Senatoren fordern, er solle nach Rom zurückkehren – ohne Armee. Als er dann doch mit seinen Legionen vor der Stadt steht, gibt es Bürgerkrieg. Cäsar gewinnt und wird Diktator auf Lebenszeit. Als Alleinherrscher darf er alle Gesetze selber machen.

Das Ende
Im März des Jahres 44 v. Chr. erhebt wirklich ein Mann namens Brutus seinen Dolch, auch andere Senatoren zücken die Waffen. Mit Cäsar ist es vorbei. Mit der Republik auch.

Von Cäsar, Kaiser und Co
Paul befragt die Studentin Livia

Paul: Stimmt es, dass Cäsar über die Eroberung Galliens ein Buch geschrieben hat?

Livia: Ja, das hat er: *De bello Gallico* – vom gallischen Krieg. Eigentlich hatten die Senatoren gar kein Interesse an Gallien, aber der ehrgeizige Julius zog den Feldzug durch – für seinen eigenen Ruhm.

Paul: Dann wurde er zum Alleinherrscher. Die sind nicht sehr beliebt, oder?

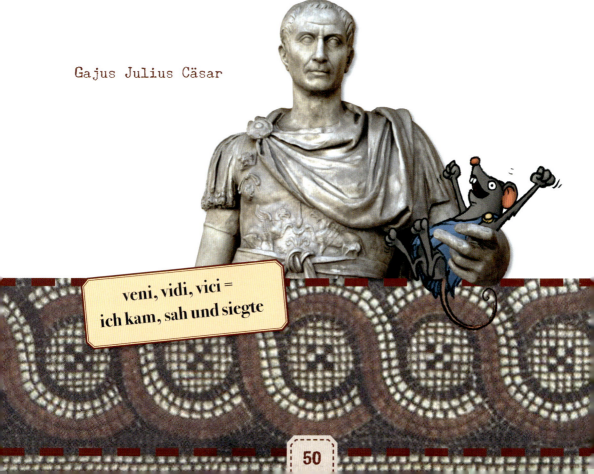

Gajus Julius Cäsar

veni, vidi, vici = ich kam, sah und siegte

Livia: Du sagst es. Schon wenig später wollten manche seinen Tod. Durch Mord wurden im alten Rom viele Konflikte gelöst. Übrigens, wärst du immer noch gern Senator geworden, Paul?

Paul: Äh – zu Cäsars Zeit bestimmt nicht. Abends schläfst du ein und morgens wachst du tot auf. Erstochen oder vergiftet – nein danke.

Livia: Bürgerkrieg war auch kein Spaß. Octavian, Cäsars Adoptivsohn, beendete den Streit. Er wurde Konsul, fünfmal hintereinander.

Paul: Moment – man durfte doch nur einmal!

Augustus

Caligula

augustus = der Erhabene

caligula = Stiefelchen

Livia: Aber Octavian wollte unbegrenzte Macht. Die Römische Republik, die es fast 500 Jahre lang gegeben hatte, zerbrach. Mit Octavian begann die Kaiserzeit.

Paul: Ich dachte, Augustus war der erste Kaiser – der aus der Weihnachtsgeschichte.

Livia: Octavian *ist* Augustus. Er gab sich einen neuen Namen und wurde so zu einem „Erhabenen". Jetzt hatten die Senatoren nicht mehr viel zu sagen.

Paul: Wurden seine Kinder auch Kaiser?

Livia: Er hatte keine. Also adoptierte er seinen Nachfolger Tiberius. Danach kam der schräge Caligula auf den Thron, der mit dem Pferd. Dann wurde es unübersichtlich. Es gab mehr als 20 Kaiser. Fast alle wurden ermordet.

Paul: Okay – Kaiser wäre ich auch nicht gern geworden. Woher wissen wir überhaupt so viel?

Livia: Das verdanken wir auch den Archäologen. Die haben jede Menge Römerreste ausgebuddelt – sogar eine ganze Stadt: Pompeji.

Paul: Hab ich schon mal gehört.

Ich bin Cäsar, der große Eroberer! Veni, vidi – äh ...

Vici! Lern endlich mal Latein!

In Pompeji gab es ...

... den Versammlungs- und Marktplatz: das Forum ...

... Badehäuser – die Thermen ...

... und ein kleines Theater ...

Quintus quasselt

79 nach Christus: Der Vesuv bricht aus und Pompeji versinkt unter der Vulkanasche. Was die Archäologen ausgegraben haben, können wir heute besichtigen.

Post aus den Provinzen

Weil das Römische Reich KOLOSSAL groß war, schrieben die Statthalter der Provinzen Briefe an den Kaiser. Damit der über alles Bescheid wusste.

Aus Afrika

Ave, Marc Aurel, altes Haus! Wie laufen die Geschäfte? Bei uns sorgt die Sonne für gute Laune und reiche Weizenernte. Gerade sticht ein Schiff in See – mit Löwen und Elefanten für deine Rom-Arena! Ansonsten alles klar in Afrika. Nur ein paar aufmüpfige Krieger bereiten uns Probleme – keine, die man nicht mit dem Schwert lösen könnte.
Sonnige Grüße, Proconsul Carius Firlefanzius

Aus Gallien

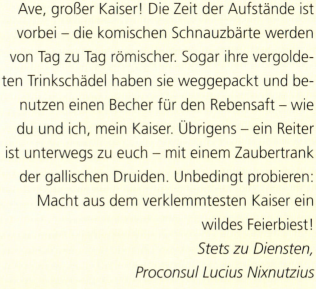

Ave, großer Kaiser! Die Zeit der Aufstände ist vorbei – die komischen Schnauzbärte werden von Tag zu Tag römischer. Sogar ihre vergoldeten Trinkschädel haben sie weggepackt und benutzen einen Becher für den Rebensaft – wie du und ich, mein Kaiser. Übrigens – ein Reiter ist unterwegs zu euch – mit einem Zaubertrank der gallischen Druiden. Unbedingt probieren: Macht aus dem verklemmtesten Kaiser ein wildes Feierbiest!
*Stets zu Diensten,
Proconsul Lucius Nixnutzius*

Statue des Feldherrn Vercingetorix. Kommt dir der Bart bekannt vor?

Quintus quasselt

Gallien war besiegt, denn Ober-Gallier Vercingetorix hatte längst aufgegeben. Im Jahr 52 v. Chr. hatte er zerstrittene Stämme verbündet und zog gegen Cäsar in die Schlacht. Um Barthaares-Breite hätte er gewonnen.

Aus Germanien

Salve, Marcus Aurelius! Wie gerne wäre ich doch in Rom! Seit dieser entsetzliche Arminius vor vielen Jahren unsere Legionen geschlagen hat, versuchen die Germanen ständig, unseren Grenzwall, den Limes, zu überqueren. Sie sind grob und ungewaschen – es graust einen, wenn man sie nur riecht. Wir brauchen mehr Truppen, wenn der Sauerkrautgestank nicht bis in die schönen Thermen Roms dringen soll.
Angesäuert, Euer Gajus Chaoticus

Von den Germanen wurde Arminius „Hermann der Cherusker" genannt. Er fügt den Römern im Jahre 9 nach Christus eine unvergessene Niederlage zu. Sein Denkmal steht im Teutoburger Wald.

Aus Britannien

Land unter – nicht nur wegen des Regens! Aus dem nebeligen Norden überrennen die Schotten den Wall, den Kaiser Hadrian einst errichten ließ! Zwei Millionen Tonnen Baumaterial können sie nicht abschrecken. Überhaupt, diese Briten – sie lispeln und trinken heißes Wasser mit Minze, igitt! Wenigstens halten sie sich an unseren Linksverkehr. Bitte um Versetzung in wärmere Gefilde!
Tiefgekühlt, Proconsul Claudius Londonicus

Quintus quasselt

So viele schlechte Nachrichten! Gierige Kaiser und Statthalter schwächten das Römische Reich. Die besetzten Länder wehrten sich immer erfolgreicher. Schließlich spaltete Kaiser Konstantin das Reich noch in zwei Teile: Rom blieb die Hauptstadt des Westens – Konstantinopel wurde zur Hauptstadt des Ostens! Die zwei Hälften lebten sich auseinander, das Reich zerbrach. Die Reste wurden von Goten und Hunnen überrannt.

Die Römer sind noch unter uns

Schluss mit den alten Römern? Denkste! Die haben uns jede Menge hinterlassen. Nicht nur tolle Ruinen oder unverwüstliche Bauwerke. Ihre Schrift haben wir übernommen, ihre Monatsnamen auch. Sie erfanden nicht nur Freizeitbäder, gepflasterte Straßen und Wagenrennen – sondern andere wichtige und nützliche Dinge.

Schnellwaage

Vermutlich erfanden die alten Ägypter die Balkenwaage, die von den Römern zu einer Schnellwaage weiterentwickelt wurde. So konnten die Waren schneller und genauer gewogen werden.

Falsche Zähne

Nach der Gründung Roms herrschten die Etrusker. Bei ihnen hat man erste falsche Zähne entdeckt: aus Gold, Elfenbein und Knochen. Römische Ärzte befestigten später falsche Zähne an Goldbändern – weil die nicht rosten.

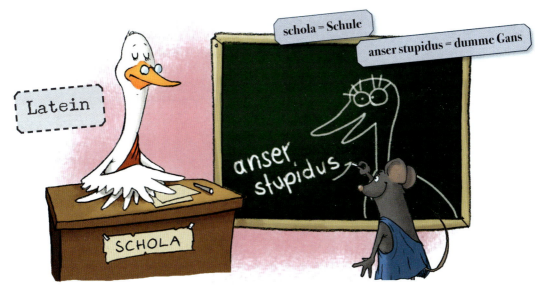

Latein war die Amtsprache des Römischen Reichs. Aus dem gesprochenen Latein entstanden nach und nach moderne Sprachen wie Italienisch, Spanisch, Französisch, Portugiesisch und Rumänisch. Wer Latein in der Schule lernt, kann sich die Herkunft vieler Wörter erklären.

Fensterglas und heiße Luft

Bereits im ersten Jahrhundert nach Christus gab es Glasfenster in römischen Villen. Damals ein echter Luxus – genauso wie heiße Luft, die sich unter dem Fußboden ausbreitete: die wahrscheinlich erste Fußbodenheizung.

Feuerwehr

Im alten Rom brannte es häufig. Nach einem Großbrand machte Kaiser Augustus mehrere Tausend Sklaven zu „Feuerwächtern" – mit eigenen Kasernen. So entstand die erste Feuerwehr der Antike.

Paul und Livia sagen Tschüss

Paul: Da haben sie gestanden, vor über 2.000 Jahren. Und jetzt sind da nur noch Ruinen.

Livia: Ein so großes Reich ließ sich damals nicht kontrollieren. Außerdem hatten die alten Götter ausgedient – das Christentum breitete sich aus. Zuerst waren die Anhänger von Jesus nicht gerade beliebt. Erst Kaiser Konstantin stoppte 313 n. Chr. die Christenverfolgung. Sag mal, Paul, was hast du über meine Vorfahren gelernt?

Paul: Dass man auch im Liegen essen kann!

Livia: Wir besuchen gleich ein Restaurant mit alten römischen Speisen, ganz ohne Pizza und Pasta. Die wurden erst später erfunden.

Paul: Da bin ich aber gespannt!

Junos Museumstipps

Geburtstagsfest im Limesmuseum Aalen? Da gibt's nicht nur diesen Wachturm am Grenzwall.

Limesmuseum Aalen: Das größte Römermuseum Süddeutschlands liegt auf dem Gelände eines alten Reiterkastells. Wie in anderen Museen können Geburtstagskinder auf den Spuren der alten Römer feiern! *www.limesmuseum.de*

Westfälisches Römermuseum Haltern: Am Halterner See war die 19. Legion stationiert, die im Kampf gegen Arminius untergehen sollte. Hier wird noch gegraben – während der Schulferien kannst du dich als Grabungshelfer bewerben. *www.lwl-roemermuseum-haltern.de*

Römisch-Germanisches Museum Köln: Das Museum bietet Fundstücke aus der Zeit der ehemaligen Provinzhauptstadt Niedergermaniens. Ein kleiner Augustus ist hier der große Star.
www.museenkoeln.de/roemisch-germanisches-museum

Archäologischer Park Carnuntum: Auch wenige Kilometer von Wien wurde der Limes geschützt – durch ein römisches Militärlager. Dort finden sich Rekonstruktionen einer Therme und einer Stadtvilla.
www.carnuntum.co.at

Römerstadt Augusta Raurica in der Schweiz:
In der ehemaligen Römerstadt bei Basel kannst du erleben, wie römische Kinder gelebt haben.
www.augustaraurica.ch

Von Romulus zu ... Romulus

753 vor Christus
Rom gegründet –
Romulus erster König

509
Etruskerkönig Superbus vertrieben

218
Elefanten überqueren die Alpen

146
Rom vernichtet Karthago

59
Cäsar wird Konsul

44
... und ermordet

30
Augustus wird Alleinherrscher

9 nach Christus
Arminius besiegt die Römer

43
Römer erobern Britannien

80
Kolosseum eröffnet

84
Bau des Limes

117
Größte Ausdehnung des Reiches

476
Letzter Kaiser Romulus (!) gestürzt

Auflösungen

Seite 9:
Jupiter schleudert gerne Blitze und Neptun den Dreizack. Apollo, der Gott der Künste, spielt die Lyra und Liebesgöttin Venus mit dem Herzen der Menschen. Mars trägt ein Schwert und Götterbote Merkur geflügelte Schuhe.

Geflügelte Schuhe! Gans toll!

Seite 42–44 Gladiatorenquiz:
XII–XVI Punkte: Gewonnen! Aber denk dran: Jeder verliert auch mal einen Kampf!
XVII–XXX Punkte: Am besten machst du einen weiten Bogen um das Kolosseum.
XXXI–LX Punkte: Hast du's schon mal mit Schiffeversenken versucht? Oder Schach?

62

Zum Zeitpunkt der Drucklegung wurden die im Buch angegebenen Internetadressen auf ihre Richtigkeit hin überprüft. Adressen und Inhalte können sich jedoch schnell ändern. So können Internetseiten für Kinder ungeeignete Links enthalten. Der Verlag kann nicht für Änderungen von Internetadressen oder für die Inhalte auf den angegebenen Internetseiten haftbar gemacht werden. Wir raten, Kinder nicht ohne Aufsicht im Internet recherchieren zu lassen.

Bildquellennachweis

akg-images: S. 27, S. 43, S. 49, S. 55; akg-images/Bildarchiv Steffens: S. 47, S. 50; akg-images/De Agostini Pict. Lib.: S. 7, S. 45, S. 51 rechts; akg-images/Werner Forman: S. 17; akg-images/Tristan Lafranchis: S. 53 unten; akg-images/Erich Lessing: S. 31 unten, S. 35, S. 51 links; picture-alliance/abaca: S. 20, S. 53 oben; picture-alliance/Bildagentur Huber: S. 56; picture-alliance/dpa: S. 32–33, S. 43; picture-alliance/James Emmerson/Robert Harding: S. 21; picture-alliance/PIXSELL: S. 31 oben; picture-alliance/Prisma Archivo: S. 37; picture-alliance/Alfons Rath: S. 53 Mitte; Ulrich Sauerborn, Limesmuseum Aalen: S. 61.

1. Auflage 2013
© Arena Verlag GmbH, Würzburg 2013
Alle Rechte vorbehalten
Umschlagtypografie: knaus.büro für konzeptionelle und visuelle identitäten, www.e-knaus.de
Illustrationen: Fréderic Bertrand
Fachliche Prüfung des Lateins: Wulf Brendel, Fachleiter Latein am Studienseminar Lüneburg
Grafische Reihengestaltung: Punkt und Komma, Claudia Böhme
Innengestaltung und Satz: Gabine Heinze/TOUMAart
Gesamtherstellung: Westermann Druck Zwickau GmbH
ISBN 978-3-401-06860-2

www.arena-verlag.de

Volker Präkelt
BAFF! Wissen

Zicke, zacke, Dinokacke!
Was die Forscher in Riesenhaufen finden und was sie über die schrecklichen Echsen wissen
978-3-401-06776-6

Mensch, Mammut!
Warum der Koloss ein dickes Fell brauchte und was die Ötzi-Forscher vermasselt haben
978-3-401-06778-0

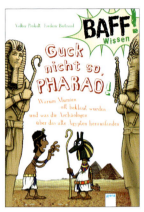

Guck nicht so, Pharao!
Warum Mumien oft beklaut wurden und was die Archäologen über das alte Ägypten herausfanden
978-3-401-06779-7

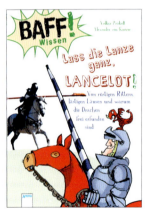

Lass die Lanze ganz, Lancelot!
Von rüstigen Rittern, lästigen Läusen und warum die Drachen frei erfunden sind
978-3-401-06836-7

Platz da, Pluto!
Was alles im Weltraum abgeht und warum wir nicht in Schwarze Löcher fallen sollten
978-3-401-06837-4

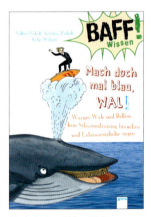

Mach doch mal blau, Wal!
Warum Wale und Delfine kein Schwimmtraining brauchen und Unterwasserlieder singen
978-3-401-06872-5

Als Hörbücher bei Audio Media

Arena

Jeder Band:
64 Seiten • Gebunden
Mit Fotos und farbigen Illustrationen
www.arena-verlag.de